मौजूद

[ग़ज़ल संग्रह]

मौजूद

राहत इन्दौरी

राधाकृष्ण प्रकाशन

ISBN 978-81-8361-696-6

मौजूद (ग़ज़ल संग्रह)

पहला संस्करण : 2015
तीसरा संस्करण : 2020

मूल्य : ₹299

प्रकाशक
राधाकृष्ण प्रकाशन प्राइवेट लिमिटेड
जी-17, जगतपुरी, दिल्ली-110 051

शाखाएँ : अशोक राजपथ, साइंस कॉलेज के सामने, पटना-800 006
पहली मंजिल, दरबारी बिल्डिंग, महात्मा गांधी मार्ग, इलाहाबाद-211 001
36 ए, शेक्सपियर सरणी, कोलकाता-700 017

वेबसाइट : www.radhakrishnaprakashan.com
ई-मेल : info@radhakrishnaprakashan.com

मुद्रक :
बी.के. ऑफसेट
नवीन शाहदरा, दिल्ली-110 032

MAUJOOD
by Rahat Indori

भूमिका

परम्परा और आधुनिकता को साथ लेकर चलने वाला शायर

राहत इन्दौरी की शायरी ज़िन्दगी के अलग-अलग रंगों का ख़ूबसूरत इज़हार है। राहत की ग़ज़ल में ज़िन्दगी की क्षमताओं, सांस्कृतिक याददाश्त और रूहानियत का ऐसा ख़ूबसूरत समागम है जो उनकी ग़ज़ल को एक असीम कैनवास की ग़ज़ल बनाता है। बेरहम हक़ीक़तों और सख़्त तजुर्बों का लिखा हुआ मंज़रनामा ही राहत की ग़ज़ल है।

उनकी ग़ज़ल की कामयाबी की दो बुनियादें हैं। पहली ख़ूबी यह है कि उनकी ट्रेनिंग ग़ज़ल की बेहतरीन और ज़िन्दा परम्पराओं में हुई और दूसरी यह कि रचना की उनकी विशिष्टता सामूहिकता से बेगानी नहीं है। एक अच्छे शायर की तरह वो अपने लिए लिखते हैं। लेकिन अपने लिए वो ऐसा सच तलाश करते हैं जो आज के इनसान के दुख-सुख, आरज़ूओं, ख़्वाबों, फ़िक्रों और अन्देशों का सच हो जाता है। यही वजह है कि राहत की अछूती शायरी आम श्रोताओं और ख़ास पाठकों की कसौटी पर एक जैसी खरी उतरती है।

विचार का नयापन और अभिव्यक्ति की दुर्लभता का मेल उनके बेशुमार शे'रों में पाया जाता है। वो अपने अहसासात को जिन समसामयिक दृश्यों में पेश करते हैं वो कभी अपने आसपास की नई ज़िन्दगी का नमूना होते हैं और कभी

हमारे अतीत की सांस्कृतिक यादों के ख़ज़ानों से बरामद होते हैं। मगर बेहतरीन शायरी की ख़ूबी है कि उसमें दृश्य पृष्ठभूमि बन जाते हैं। और हर दृश्य में इनसान अपने दुख-सुख के साथ ज़्यादा आलोकित हो जाता है। राहत इन्दौरी ऐसे कामयाब और ख़ुशनसीब शायर हैं कि उनके मशहूर शे'र हमारी श्रेष्ठ ग़ज़लगोई के आलोचनात्मक मयार पर भी पूरे उतरते हैं। दरअसल इस तरह का मेलजोल ही एक अच्छे शायर की पहचान है। मैं जानता हूँ कि मुशायरों में तात्कालिक सफलता के लिए शे'र से ज़्यादा स्टेज परफ़ार्मेंस की अहमियत है। लेकिन इस बात को नहीं भूलना चाहिए कि मुशायरों में की गई अदाकारी या तरन्नुम की जादूगरी से मशहूर होने वाला शे'र शायर का बड़ा दुश्मन है। यही आसान शोहरत उसकी स्थायी बदनामी का सबूत होती है। लेकिन कैसी ही अदाकारी से, कितने ही ड्रामे से, कैसे ही तरन्नुम से अगर अच्छा शे'र सामने आता है और लोग उसकी तरफ़ आकर्षित होते हैं तो कोई हर्ज नहीं है। तरन्नुम और अदाकारी सुबह रुख़सत हो जाएँगे और शे'र अपनी असलियत पर सफ़र करता रहेगा।

राहत इन्दौरी ऐसे प्रतिभाशाली शायर हैं कि समग्र रूप से उनके वो शे'र अवाम में मुशायरों के माध्यम से मशहूर हुए हैं जो सीने-सीने सफ़र करें या काग़ज़ पर आएँ तो अपनी शायराना सच्चाइयों की वजह से आज की ग़ज़ल के सरमाए का हिस्सा हो जाएँ।

राहत इन्दौरी हिन्दुस्तान के उन चन्द शायरों में हैं जिनकी अच्छी ग़ज़लगोई से मुशायरे को उत्कृष्ट साहित्यिक दर्जा और सम्मान हासिल होता है, मंच और किताब के फ़ासले कम होते हैं। पत्र-पत्रिकाओं में हज़ारों और मुशायरों में लाखों शे'र ऐसे लिखे और पढ़े जाते हैं जिनका रचनात्मक

अमल से कोई ताल्लुक़ नहीं होता। ऐसे शायरों के लिए राहत ने लिखा है—

हमने दो सौ साल से घर में तोते पाल के रक्खे हैं,
मीर तक़ी के शे'र सुनाना कौन बड़ी फ़नकारी है।

राहत इन्दौरी के बहुत से अश्आर मुझे याद हैं। उनमें से मैं उन चन्द शे'रों पर गुफ़्तगू करना अपना साहित्यिक कर्तव्य समझता हूँ जो कल्पनाशीलता या शैली की वजह से इस दौर तो क्या हर दौर से अलग-अलग से महसूस होते हैं। ग़ज़ल की आत्मा काव्यात्मकता है, और यही शे'र के जिस्म की रूह है। राहत के कुछ अश्आर के माध्यम से मैं बात शुरू करता हूँ—

हमारे सहन की मेहँदी पे है नज़र उसकी,
ज़मींदार की नीयत ख़राब है बेटा।

ये उदासी और बेबसी का शे'र है और इसका हुस्न ग़रीबी की उदासी का लहज़ा है। इस विषय का शे'र इसी तर्ज़ में उर्दू में आसानी से नहीं मिल सकता।

ज़िन्दगी को ज़ख़्म की लज़्ज़त से मत महरूम कर,
रास्ते के पत्थरों से ख़ैरियत मालूम कर।

शे'र का सब्जेक्ट और केन्द्रीय विचार प्राचीन ग़ज़ल की प्रिय अवधारणा है। लेकिन दूसरे मिसरे में अभिव्यक्ति की नवीनता है—'रास्ते के पत्थरों से ख़ैरियत मालूम कर' यानी राहत को परम्परा में भी अभिव्यक्ति को नएपन से रचने और बसाने का फ़न आता है। यही बात इस शे'र के लिए भी कही जा सकती है—

मैं पत्थरों की तरह गूँगे सामईन में था,
मुझे सुनाते रहे लोग वाक़या मेरा।

ये हमारे समय का विस्तार है कि बहुत से ऐसे विषय जो प्राचीन और महान ग़ज़ल में बुज़ुर्गों ने न के बराबर कहे थे उसको भरपूर इनसानियत, शराफ़त और कलात्मकता के साथ राहत ने इस शे'र में ऐसा कहा कि अब मुशायरे का हर शायर इस शे'र को अपने अन्दाज़ में कहने की कोशिश करता है—

हम ज़मीनें नापनेवालों को सब कुछ है ख़बर,
किस जगह पानी रखा है और कहाँ कोहसार है।

अभिव्यक्ति की नवीनता की दृष्टि से ये शे'र क़ाबिल-ए-दाद है। हमारे अहद में एकाध हिजरत के शे'र कराची वालों ने क्या कहे हिजरतज़दा शे'रों का सैलाब हिन्दुस्तान तक आ पहुँचा। लन्दन और अमेरिका में बेहतर तौर पर रोटी-रोज़ी कमाने के मौक़े को हिजरत नहीं कहते। राहत ने हिजरत-हिजरत चिल्लाने वालों को बताया है कि फ़क़ीर अपना पेट भरने के लिए अपने फटे शामियाने लेकर जो जगहें, शहर या मुल्क बदलते हैं वो हिजरत नहीं है। हिजरत का लफ़्ज़ आए बग़ैर इस विचार को स्पष्ट कर देना सांकेतिकता की कला है—

हम फ़क़ीरों के लिए तो सारी दुनिया एक है,
हम जहाँ जाएँगे अपना घर उठा ले जाएँगे।

अच्छा शे'र किसी घटना का वर्णन नहीं बल्कि कल्पनाशीलता की ऊँची उड़ान है। राहत का ये शे'र इस मयार पर पूरा उतरता है—

सितारों आओ मेरी राह में बिखर जाओ,
ये मेरा हुक्म है हालाँके कुछ नहीं हूँ मैं।

'हालाँके कुछ नहीं' के फ़िकरे ने जो दर्दमन्दी पैदा की है उसकी दाद मुमकिन नहीं।

समसामयिकता और आधुनिकता हमारी आलोचना की बुनियाद बन गए हैं। ये सच है कि अपने समय से अनजान कौन हो सकता है लेकिन अच्छे शायर के फ़न का कमाल ये है कि वो ये जान ले कि ज़िन्दगी बार-बार सच नहीं बोलती। ये लम्हा मीर के ज़माने में भी आ सकता है और आज भी आएगा, लेकिन इसको शे'र राहत ने बनाया है।

हम लोगों से छुपकर मिलते रहते हैं,
क़ामत की पैमाइश होती रहती है।

राहत का ख़ास मर्दाना बाँकपन और उसकी तहज़ीब इन शे'रों से मुलाहिज़ा हो—

अब अपने बीच मरासिम नहीं अदावत है,
मगर ये बात हमारे ही दरमियान रहे।

अबके बारिश में नहाने का मज़ा आएगा,
बेलिबासी की तरह घर की खुली छत होगी।

राहत के कई प्रतिनिधि शे'र ऐसे हैं जो उर्दू अदब में एक इज़ाफ़ा हैं—

हँसों न हम पे के हम बदनसीब बंजारे,
सरों पे रख के वतन की ज़मीन लाए हैं।

तुम अपने मुर्दे कहीं और जा के दफ़नाओ,
हम इस ज़मीन को आबाद करना चाहते हैं।

बुलन्दियों के सफ़र में ये ध्यान आता है,
ज़मीन देख रही होगी रास्ता मेरा।

मेरी ख़्वाहिश है कि आँगन में ना दीवार उठे,
मेरे भाई मेरे हिस्से की ज़मीं तू रख ले।

मैंने राहत के जिन शे'रों से बात की है वो उर्दू ग़ज़ल के शे'री सरमाए में शामिल रहेंगे। किसी शे'र में अपने लहज़े और आवाज़ की तलाश है, किसी में ख़ानदानी मसअलों को शराफ़त से हल करने का हौसला और अज़ीम दिल है, कहीं वो बुद्धिमत्ता है जो मेहनतकश और सरमायादार के दरमियान दीवार है तो कहीं मेहनतकश इनसान का शोषण है। उच्च कल्पनाशीलता, अभिव्यक्ति की शैली में नयापन, लफ़्ज़ों का रचनात्मक इस्तेमाल और परम्पराओं का आधुनिकता के साथ विस्तार ही राहत इन्दौरी को आज की ग़ज़ल का कभी न भूलनेवाला शायर बनाते हैं।

—डॉ. बशीर बद्र

अनुक्रम

हर मुसाफ़िर है सहारे तेरे
कश्तियाँ तेरी किनारे तेरे

तेरे दामन को ख़बर दे कोई
टूटते रहते हैं तारे तेरे

धूप-दरिया में रवानी थी बहुत
बह गए चाँद-सितारे तेरे

तेरे दरवाज़े को जुम्बिश न हुई
मैंने सब नाम पुकारे तेरे

बेतलब आँखों में क्या-क्या कुछ है
वो समझता है इशारे तेरे

कब पसीजेंगे ये बहरे बादल
हैं शजर हाथ पसारे तेरे

मेरा एक पल भी मुझे मिल न सका
मैंने दिन-रात गुज़ारे तेरे

तेरी आँखें तेरी बीनाई हैं
तेरे मंज़र हैं, नज़ारे तेरे

ये मेरी प्यास बता सकती है
क्यों समन्दर हुए खारे तेरे

जो भी मनसूब तेरे नाम से थे
मैंने सब क़र्ज़ उतारे तेरे

तूने लिक्खा मेरे चेहरे पे धुआँ
मैंने आईने सँवारे तेरे

और मेरा दिल वही मुफ़लिस का चिराग़
चाँद तेरा है सितारे तेरे

ये हर सू जो फ़लक-मंज़र खड़े हैं
न जाने किसके पैरों पर खड़े हैं

तुला है धूप बरसाने पे सूरज
शजर भी छतरियाँ लेकर खड़े हैं

इन्हें नामों से मैं पहचानता हूँ
मेरे दुश्मन मेरे अन्दर खड़े हैं

किसी दिन चाँद निकला था यहाँ से
उजाले आज भी छत पर खड़े हैं

जुलूस आने को है दीदावरों का
नज़रें नीची किए मंज़र खड़े हैं

उजाला सा है कुछ कमरे के अन्दर
ज़मीनो-आसमाँ बाहर खड़े हैं

अब अपनी रूह के छालों का कुछ हिसाब करूँ
मैं चाहता था चिराग़ों को आफ़ताब करूँ

बुतों से मुझको इजाज़त अगर कभी मिल जाए
तो शहर भर के ख़ुदाओं को बेनक़ाब करूँ

मैं करवटों के नए ज़ाविए लिखूँ शब भर
ये इश्क़ है तो कहाँ ज़िन्दगी अज़ाब करूँ

है मेरे चारों तरफ़ भीड़ गूँगे-बहरों की
किसे ख़तीब बनाऊँ किसे ख़िताब करूँ

उस आदमी को बस एक धुन सवार रहती है
बहुत हसीं है ये दुनिया इसे ख़राब करूँ

ये ज़िन्दगी जो मुझे क़र्ज़दार करती है
कहीं अकेले में मिल जाए तो हिसाब करूँ

ज़िन्दगी उम्र से बड़ी तो नहीं
ये कहीं मौत की घड़ी तो नहीं

ये अलग बात हम भटक जाएँ
वैसे दुनिया बहुत बड़ी तो नहीं

टूट सकता है ये तअल्लुक़ भी
इश्क़ है कोई हथकड़ी तो नहीं

आते-आते ही आएगी मंज़िल
रास्ते में कहीं पड़ी तो नहीं

एक खटका सा है बिछड़ने का
ये मुलाक़ात की घड़ी तो नहीं

एक जंगल है दूर-दर तलक
ये मेरे शहर की कड़ी तो नहीं

हाथ ख़ाली हैं तेरे शहर से जाते-जाते
जान होती तो मेरी जान लुटाते जाते

अब तो हर हाथ का पत्थर हमें पहचानता है
उम्र गुज़री है तेरे शहर में आते-जाते

रेंगने की भी इजाज़त नहीं हमको वरना
हम जिधर जाते नए फूल खिलाते जाते

मुझको रोने का सलीक़ा भी नहीं है शायद
लोग हँसते हैं मुझे देख के आते-जाते

अबके मायूस हुआ यारों को रुख़्सत करके
जा रहे थे तो कोई ज़ख़्म लगाते जाते

हमसे पहले भी मुसाफ़िर कई गुज़रे होंगे
कम से कम राह के पत्थर तो हटाते जाते

मुझे डुबो के बहुत शर्मसार रहती है
वो एक मौज जो दरिया के पार रहती है

हमारे ताक़ भी बेज़ार हैं उजालों से
दिये की लौ भी हवा पर सवार रहती है

फिर उसके बाद वही बासी मंज़रों के जुलूस
बहार चन्द ही लम्हे बहार रहती है

उसी से क़र्ज़ चुकाए हैं मैंने सदियों के
वो ज़िन्दगी जो हमेशा उधार रहती है

हमारी शहर के दानिशवरों से यारी है
इसीलिए तो क़बा[1] तार-तार रहती है

मुझे ख़रीदने वालों क़तार में आओ
वो चीज़ हूँ जो पसे-इश्तिहार रहती है

---

1. क़बा : ढीला-ढाला पहनावा, अँगरखा, झगा।

सवाल घर नहीं बुनियाद पर उठाया है
हमारे पाँव की मिट्टी ने सर उठाया है

हमेशा सर पे रही एक चटान रिश्तों की
ये बोझ वो है जिसे उम्र भर उठाया है

मेरी ग़ुलेल के पत्थर का कारनामा था
मगर ये कौन है जिसने समर उठाया है

यही ज़मीं में दबाएगा एक दिन मुझको
ये आसमान जिसे दोश[1] पर उठाया है

बलन्दियों को पता चल गया है फिर मैंने
हवा का टूटा हुआ एक पर उठाया है

महाबली से बग़ावत बहुत ज़रूरी थी
क़दम ये हमने समझ–सोचकर उठाया है

---

1. दोश : कन्धा।

धूप बहुत है मौसम जल-थल भेजो ना
बाबा मेरे नाम का बादल भेजो ना

मौलसरी की शाख़ों पर भी दिये जलें
शाख़ों का केसरिया आँचल भेजो ना

नन्ही-मुन्नी सब चहकारें कहाँ गईं
मोरों के पैरों की पायल भेजो ना

बस्ती-बस्ती वहशत किसने बो दी है
गलियों-बाज़ारों की हलचल भेजो ना

सारे मौसम एक उमस के आदी हैं
छाँव की ख़ुशबू, धूप का संदल भेजो ना

मैं बस्ती में आख़िर किससे बात करूँ
मेरे जैसा कोई पागल भेजो ना

सिर्फ़ ख़ंजर ही नहीं आँखों में पानी चाहिए
ऐ ख़ुदा दुश्मन भी मुझको ख़ानदानी चाहिए

मैंने अपनी ख़ुश्क आँखों से लहू छलका दिया
एक समन्दर कह रहा था मुझको पानी चाहिए

शहर की सारी अलिफ़ लैलाएँ बूढ़ी हो गईं
शाहज़ादे को कोई ताज़ा कहानी चाहिए

मैंने ऐ सूरज तुझे पूजा नहीं समझा तो है
मेरे हिस्से में भी थोड़ी धूप आनी चाहिए

मेरी क़ीमत कौन दे सकता है इस बाज़ार में
तुम ज़ुलैख़ा हो तुम्हें क़ीमत लगानी चाहिए

ज़िन्दगी है एक सफ़र और ज़िन्दगी की राह में
ज़िन्दगी भी आए तो ठोकर लगानी चाहिए

नाम लिक्खा था आज किस–किस का
हाथ दस्ता हुआ है नरगिस का

शाख़ पर उम्र कट गई गुल की
बाग़ है जाने कौन बेहिस का

ख़्वार फिरते हैं आइना होकर
जाने मुँह देखना है किस–किस का

बुझ गए चाँद सब हवेली के
जल रहा है चिराग़ मुफ़लिस का

सर पे रखकर ज़मीन फिरता हूँ
साथ उसका है मैं नहीं जिसका

मीर जैसा था दो सदी पहले
हाल अब भी वही है मजलिस का

सिर्फ़ सच और झूठ की मीज़ान[1] में रक्खे रहे
हम बहादुर थे मगर मैदान में रक्खे रहे

जुगनुओं ने फिर अँधेरों से लड़ाई जीत ली
चाँद-सूरज घर के रौशनदान में रक्खे रहे

धीरे-धीरे सारी किरनें ख़ुदकुशी करने लगी
हम सहीफ़ा[2] थे मगर जुज़दान[3] में रक्खे रहे

बन्द कमरे खोलकर सच्चाइयाँ रहने लगीं
ख़्वाब कच्ची धूप थे दालान में रक्खे रहे

सिर्फ़ इतना फ़ासला है ज़िन्दगी और मौत का
शाख़ से तोड़े गए गुलदान में रक्खे रहे

ज़िन्दगी भर अपनी बूढ़ी धड़कनों के साथ-साथ
हम भी घर के क़ीमती सामान में रक्खे रहे

---

1. मीज़ान : तराजू, 2. सहीफ़ा : धर्मग्रंथ, 3. जुज़दान : धर्मग्रन्थ लपेटकर रखने का कपड़ा।

जितने अपने थे सब पराए थे
हम हवा को गले लगाए थे

जितनी क़समें थीं सब थीं शर्मिन्दा
जितने वादे थे सर झुकाए थे

जितने आँसू थे सब थे बेग़ाने
जितने मेहमाँ थे बिन बुलाए थे

सब किताबें पढ़ी–पढ़ाई थीं
सारे क़िस्से सुने–सुनाए थे

एक बंजर ज़मीं के सीने में
मैंने कुछ आसमाँ उगाए थे

वरना औक़ात क्या थी सायों की
धूप ने हौसले बढ़ाए थे

सिर्फ़ दो घूँट प्यास की ख़ातिर
उम्र भर धूप में नहाए थे

हाशिए पर खड़े हुए हैं हम
हमने ख़ुद हाशिए बनाए थे

मैं अकेला उदास बैठा था
शाम ने क़हक़हे लगाए थे

है ग़लत उसको बेवफ़ा कहना
हम कहाँ के धुले-धुलाए थे

आज काँटों भरा मुक़द्दर है
हमने गुल भी बहुत खिलाए थे

उँगलियाँ यूँ न सब पे उठाया करो
ख़र्च करने से पहले कमाया करो

ज़िन्दगी क्या है ख़ुद ही समझ जाओगे
बारिशों में पतंगें उड़ाया करो

दोस्तों से मुलाक़ात के नाम पर
नीम की पत्तियों को चबाया करो

अपने सीने पे दो गज़ ज़मीं बाँधकर
आसमानों का ज़र्फ़ आज़माया करो

चाँद-सूरज कहाँ, अपनी मंज़िल कहाँ
ऐसे-वैसों को मुँह मत लगाया करो

सर पर सात आकाश, ज़मीं पर सात समन्दर बिखरे हैं
आँखें छोटी पड़ जाती हैं इतने मंज़र बिखरे हैं

ज़िन्दा रहना खेल नहीं है 'इस आबाद ख़राबे में'
वो भी अक्सर टूट गया है हम भी अक्सर बिखरे हैं

इस बस्ती के लोगों से जब बातें की तो ये जाना
दुनिया भर को जोड़ने वाले अन्दर-अन्दर बिखरे हैं

इन रातों से अपना रिश्ता जाने कैसा रिश्ता है
नींदें कमरे में जागी हैं ख़्वाब छतों पर बिखरे हैं

आँगन के मासूम शजर ने एक कहानी लिक्खी है
इतने फल शाख़ों पे नहीं थे जितने पत्थर बिखरे हैं

सारी धरती सारे मंज़र एक ही जैसे लगते हैं
आँखों-आँखों क़ैद हुए थे मंज़र-मंज़र बिखरे हैं

पहली शर्त जुदाई है
इश्क़ बड़ा हरजाई है

गुम हैं होश हवाओं के
किसकी ख़ुशबू आई है

ख़्वाब क़रीबी रिश्तेदार
लेकिन नींद परायी है

चाँद तराशे सारी उम्र
तब कुछ धूप कमाई है

मैं बिछड़ा हूँ डाली से
दुनिया क्यों मुरझाई है

दिल पर किसने दस्तक दी
तुम हो या तनहाई है

दरिया-दरिया नाप चुके
मुट्ठी भर गहराई है

सूरज टूट के बिखरा है
रात ने ठोकर खाई है

कोई मसीहा क्या जाने
ज़ख़्म है या गहराई है

वाह रे पागल, वाह रे दिल
अच्छी क़िस्मत पाई है

दरमियाँ एक ज़माना रक्खा जाए
तब कोई पल सुहाना रक्खा जाए

सर पे सूरज सवार रहता है
पीठ पर शामियाना रक्खा जाए

तो, ये अब तय हुआ कि अपने साथ
कोई अपने सिवा न रक्खा जाए

ख़ूब बातें रहेंगी रस्ते पर
धूप से दोस्ताना रक्खा जाए

हों निगाहें ज़मीन पर लेकिन
आसमाँ पर निशाना रक्खा जाए

ज़ख़्म पर ज़ख़्म का गुमाँ न रहे
ज़ख़्म इतना पुराना रक्खा जाए

दिल लुटाने में एहतियात रखें
ये ख़ज़ाना खुला न रक्खा जाए

नील पड़ते रहें जबीनों पर
पत्थरों को ख़फ़ा न रक्खा जाए

यार! अब उसकी बेवफ़ाई का
नाम कुछ शायराना रक्खा जाए

हमें दिन–रात मरना चाहिए था
मियाँ कुछ कर गुज़रना चाहिए था

बहुत ही ख़ूबसूरत है ये दुनिया
यहाँ कुछ दिन ठहरना चाहिए था

मुझे तूने किनारे से है जाना
समन्दर में उतरना चाहिए था

यहाँ सदियों से तारीकी जमी है
मेरी शब को सहरना चाहिए था

अकेली रात बिस्तर पर पड़ी है
मुझे इस दिन से डरना चाहिए था

डुबोकर मुझको ख़ुश होता है दरिया
उसे तो डूब मरना चाहिए था

किसी से बेवफ़ाई की है मैंने
मुझे इक़रार करना चाहिए था

ये देखो किरचियाँ हैं आइनों की
सलीक़े से सँवरना चाहिए था

किसी दिन उसकी महफ़िल में पहुँचकर
गुलों में रंग भरना चाहिए था

फ़लक पर तबसिरा करने से पहले
ज़मीं का क़र्ज़ उतरना चाहिए था।

मौसम की मनमानी है
आँखों-आँखों पानी है

साया-साया लिख डालो
दुनिया धूप-कहानी है

सब पर हँसते रहते हैं
फूलों की नादानी है

हाय ये दुनिया ! हाय ये लोग
हाय ! ये सब कुछ फ़ानी है

साथ एक दरिया रख लेना
रस्ता रेगिस्तानी है

कितने सपने देख लिये
आँखों को हैरानी है

दिल वाले अब कम-कम हैं
वैसे क़ौम पुरानी है

बारिश, दरिया, सागर, ओस
आँसू पहला पानी है

तुझको भूले बैठे हैं
क्या ये कम क़ुरबानी है

दरिया हमसे आँखें मिला
देखें कितना पानी है

सर पर बोझ अँधियारों का है मौला ख़ैर
और सफ़र कुहसारों[1] का है मौला ख़ैर

दुश्मन से तो टक्कर ली है सौ-सौ बार
सामना अबके यारों का है मौला ख़ैर

इस दुनिया में तेरे बाद मेरे सर पर
साया रिश्तेदारों का है मौला ख़ैर

दुनिया से बाहर भी निकलकर देख चुके
सब कुछ दुनियादारों का है मौला ख़ैर

और क़यामत मेरे चिराग़ों पर टूटी
झगड़ा चाँद-सितारों का है मौला ख़ैर

लिख रक्खा है हुजरा पीर-फ़क़ीरों का
और मंज़र दरबारों का है मौला ख़ैर

चौराहों पर वर्दी वाले आ पहुँचे
मौसम फिर तेहवारों का है मौला ख़ैर

---

1. कुहसार : पहाड़ी।

एक ख़ुदा है एक पयम्बर एक किताब
झगड़ा तो दस्तारों का है मौला ख़ैर

वक़्त मिला तो मस्जिद भी हो आएँगे
बाक़ी काम मज़ारों का है मौला ख़ैर

मैंने अलिफ़ से ये तब ख़ुशबू बिखरा दी
लेकिन गाँव गँवारों का है मौला ख़ैर

हमें अब इश्क़ का चाला पड़ा है
बड़े मुँहज़ोर से पाला पड़ा है

कई दिन से नहीं डूबा ये सूरज
हथेली पर मेरी छाला पड़ा है

ये साज़िश धूप की है या हवा की
गुलों का रंग क्यों काला पड़ा है

सफ़र पर तो मैं तनहा जा रहा हूँ
ये बस्ती भर में क्यों ताला पड़ा है

मेरी पलकों पे उतरे फिर फ़रिश्ते
समन्दर फिर तहो-बाला[1] पड़ा है

सुनहरा चाँद उतरा है नदी में
किनारे चाँद का हाला पड़ा है

---

1. तहो-बाला : उलट-पलट।

यहाँ पर ख़त्म हैं ऊँची उड़ानें
ज़मीं पर आसमाँ वाला पड़ा है

उलझकर रह गए हैं सारे मंज़र
हमारी आँख में जाला पड़ा है

हवा है दोपहर तक भीगी-भीगी
सवेरे देर तक पाला पड़ा है

अपने दीवारो-दर से पूछते हैं
घर के हालात घर से पूछते हैं

क्यों अकेले हैं क़ाफ़िले वाले
एक-एक हमसफ़र से पूछते हैं

कितने जंगल हैं इन मकानों में
बस यही शहर भर से पूछते हैं

ये जो दीवार है ये किसकी है
हम इधर वो उधर से पूछते हैं

हैं कनीज़ें भी इस महल में क्या ?
शाहज़ादों के डर से पूछते हैं

क्या कहीं क़त्ल हो गया सूरज
रात से रात भर से पूछते हैं

जुर्म है ख़्वाब देखना भी क्या
बस यही चश्मे-तर से पूछते हैं

ये मुलाक़ात आख़िरी तो नहीं
हम जुदाई के डर से पूछते हैं

कौन वारिस है छाँव का आख़िर
धूप में हर शजर से पूछते हैं

ये किनारे भी कितने सादा हैं
कश्तियों को भँवर से पूछते हैं

वो गुज़रता तो होगा अब तनहा
एक–एक रहगुज़र से पूछते हैं

हमने ख़ुद अपनी रहनुमाई की
और शोहरत हुई ख़ुदाई की

मैंने दुनिया से मुझसे दुनिया ने
सैकड़ों बार बेवफ़ाई की

खुले रहते हैं सारे दरवाज़े
कोई सूरत नहीं रिहाई की

टूटकर हम मिले हैं पहली बार
ये शुरुआत है जुदाई की

सोए रहते हैं ओढ़कर ख़ुद को
अब ज़रूरत नहीं रज़ाई की

मंज़िलें चूमती हैं मेरे क़दम
दाद दीजे शिकस्ता-पाई[1] की

ज़िन्दगी जैसे-तैसे काटनी है
क्या भलाई की, क्या बुराई की

---

1. शिकस्ता-पाई : थका हुआ।

इश्क़ के कारोबार में हमने
जान देकर बड़ी कमाई की

अब किसी की ज़बाँ नहीं खुलती
रस्म जारी है मुँह-भराई की

उसे अबके वफ़ाओं से गुज़र जाने की जल्दी थी
मगर इस बार मुझको अपने घर जाने की जल्दी थी

इरादा था कि मैं कुछ देर तूफ़ाँ का मज़ा लेता
मगर बेचारे दरिया को उतर जाने की जल्दी थी

मैं अपनी मुट्ठियों में क़ैद कर लेता ज़मीनों को
मगर मेरे क़बीले को बिखर जाने की जल्दी थी

मैं आख़िर कौन सा मौसम तुम्हारे नाम कर देता
यहाँ हर एक मौसम को गुज़र जाने की जल्दी थी

वो शाख़ों से जुदा होते हुए पत्तों पे हँसते थे
बड़े ज़िन्दा-नज़र थे जिनको मर जाने की जल्दी थी

मैं साबित किस तरह करता कि हर आईना झूठा है
कई कमज़र्फ़ चेहरों को उतर जाने की जल्दी थी

हँसते रहते हैं मुसलसल हम-तुम
हों न जाएँ कहीं पागल हम-तुम

जैसे दरिया किसी दरिया से मिले
आओ! हो जाएँ मुकम्मल हम-तुम

उड़ती फिरती है हवाओं में ज़मीं
रेंगते फिरते हैं पैदल हम-तुम

प्यास सदियों की लिये आँखों में
देखते रहते हैं बादल हम-तुम

धूप हमने ही उगाई है यहाँ
हैं इसी राह का पीपल हम-तुम

शहर की हद ही नहीं आती है
काटते रहते हैं जंगल हम-तुम

मेरी तेज़ी मेरी रफ्तार हो जा
सुबुक-रौ[1] उठ कभी तलवार हो जा

अभी सूरज सदा देकर गया है
ख़ुदा के वास्ते बेदार[2] हो जा

है फ़ुरसत तो किसी से इश्क़ कर ले
हमारी ही तरह बेकार हो जा

तेरी दुश्मन है तेरी सादालौही[3]
मेरी माने तो कुछ दुश्वार हो जा

शिकस्ता कश्तियों से क्या उम्मीदें
किनारे सो रहे हैं पार हो जा

तुझे क्या दर्द की लज़्ज़त बताएँ
मसीहा आ कभी बीमार हो जा

1. सुबुक-रौ : धीरे चलने वाला, 2. बेदार : जागरूक, 3. सादालौही : सादगी।

नींदें क्या-क्या ख़्वाब दिखाकर ग़ायब हैं
आँखें तो मौजूद हैं मंज़र ग़ायब हैं

बाक़ी जितनी चीज़ें थीं मौजूद हैं सब
नक़्शे में दो-चार समन्दर ग़ायब हैं

जाने ये तस्वीर में किसका लश्कर है
हाथों में शमशीरें हैं सर ग़ायब हैं

ग़ालिब भी है बचपन भी है शहरों में
मजनूँ भी है लेकिन पत्थर ग़ायब हैं

धन्धेबाज़ मुजाविर हाकिम बन बैठे
दरगाहों से मस्त क़लन्दर ग़ायब हैं

दरवाज़ों पर दस्तक दें तो कैसे दें
घर वाले मौजूद मगर घर ग़ायब हैं

मौत की तफ़्सील होनी चाहिए
शहर में एक झील होनी चाहिए

चाँद तो हर शब निकलता है मगर
ताक़ में क़न्दील होनी चाहिए

रौशनी जो जिस्म तक महदूद[1] है
रूह में तहलील[2] होनी चाहिए

हुक्म गूँगों का है लेकिन हुक्म है
हुक्म की तामील होनी चाहिए

है कबूतर जिस जगह तस्वीर में
उस जगह एक चील होनी चाहिए

अस्लहे तो ख़ैर फिर आ जाएँगे
कफ़्र्यू में ढील होनी चाहिए

---

1. महदूद : सीमित, 2. तहलील : घुलना।

दाव पर मैं भी दाव पर तू भी
बेख़बर मैं भी बेख़बर तू भी

आसमाँ मुझसे दोस्ती कर ले
दर-बदर मैं भी दर-बदर तू भी

कुछ दिनों शहर की हवा खा ले
सीख जाएगा सब हुनर तू भी

मैं तेरे साथ तू किसी के साथ
हमसफ़र मैं भी हमसफ़र तू भी

हैं वफ़ाओं के दोनों दावेदार
मैं भी इस पुल-सिरात पर तू भी

ऐ मेरे दोस्त तेरे बारे में
कुछ अलग राय थी मगर, तू भी

शाम से पहले शाम कर दी है
क्या कहानी तमाम कर दी है

आज सूरज ने मेरे आँगन में
हर किरन बे-नियाम[1] कर दी है

जिससे रहता है आसमाँ नाराज़
वो ज़मीं मेरे नाम कर दी है

दोपहर तक तो साथ चल सूरज
तूने रस्ते में शाम कर दी है

चेहरा-चेहरा हयात लोगों ने
आइनों की ग़ुलाम कर दी है

क्या पढ़ें हम कि कुछ किताबों ने
रौशनी तक हराम कर दी है

1. नियाम : म्यान।

पुराने दाँव पर हर दिन नए आँसू लगाता है
वो अब भी एक फटे रूमाल पर ख़ुशबू लगाता है

उसे कह दो कि ये ऊँचाइयाँ मुश्किल से मिलती हैं
वो सूरज के सफ़र में मोम के बाज़ू लगाता है

मैं काली रात के तेज़ाब से सूरज बनाता हूँ
मेरी चादर में ये पैबन्द एक जुगनू लगाता है

यहाँ लछमन की रेखा है न सीता है मगर फिर भी
बहुत फेरे हमारे घर के एक साधू लगाता है

न जाने ये अनोखा फ़र्क़ उसमें किस तरह आया
वो अब कालर में फूलों की जगह बिच्छू लगाता है

अँधेरे और उजाले में ये समझौता ज़रूरी है
निशाने हम लगाते हैं ठिकाने तू लगाता है

सफ़र में जब भी इरादे जवान मिलते हैं
खुली हवाएँ खुले बादबान मिलते हैं

जहाँ–जहाँ भी चिराग़ों ने ख़ुदकुशी की है
वहाँ–वहाँ पे हवा के निशान मिलते हैं

रक़ीब दोस्त पड़ोसी अज़ीज़ रिश्तेदार
मेरे ख़िलाफ़ सभी के बयान मिलते हैं

बहुत कठिन है मसाफ़त नई ज़मीनों की
क़दम–क़दम पे नए आसमान मिलते हैं

मैं उस मोहल्ले में एक उम्र काट आया हूँ
जहाँ पे घर नहीं मिलते मकान मिलते हैं

जो ज़ोर–ज़ोर से करते हैं बात आपस में
सफ़र में ऐसे कई बेज़ुबान मिलते हैं

बढ़ गई है कि घट गई दुनिया
मेरे नक़्शे से कट गई दुनिया

तितलियों में समा गए मंज़र
मुट्ठियों में सिमट गई दुनिया

अपने रस्ते बनाए ख़ुद मैंने
मेरे रस्ते से हट गई दुनिया

एक नागिन का ज़हर है मुझमें
मुझको डसकर पलट गई दुनिया

कितने ख़ानों में बँट गए हम-तुम
कितने हिस्सों में बँट गई दुनिया

जब भी दुनिया को छोड़ना चाहा
मुझसे आकर लिपट गई दुनिया

हौसले ज़िन्दगी के देखते हैं
चलिए कुछ रोज़ जी के देखते हैं

नींद पिछली सदी से ज़ख़्मी है
ख़्वाब अगली सदी के देखते हैं

रोज़ हम एक अँधेरी धुन्ध के पार
क़ाफ़िले रौशनी के देखते हैं

धूप इतनी कराहती क्यों है
छाँव के ज़ख़्म सी के देखते हैं

टकटकी बाँध ली है आँखों ने
रास्ते वापसी के देखते हैं

बारिशों से तो प्यास बुझती नहीं
आइए ज़हर पी के देखते हैं

नदी ने धूप से क्या कह दिया रवानी में
उजाले पाँव पटकने लगे हैं पानी में

ये कोई और ही किरदार है तुम्हारी तरह
तुम्हारा ज़िक्र नहीं है मेरी कहानी में

अब इतनी सारी शबों का हिसाब कौन रखे
बहुत सवाब कमाए गए जवानी में

चमकता रहता है सूरजमुखी में कोई और
महक रहा है कोई और रातरानी में

ये हर लहर में नई हलचलें सी कैसी हैं
ये किसने पाँव उतारे उदास पानी में

मैं सोचता हूँ कोई और कारोबार करूँ
किताब कौन ख़रीदेगा इस गिरानी[1] में

1. गिरानी : महँगाई।

शाम होती है तो पलकों पे सजाता है मुझे
वो चिराग़ों की तरह रोज़ जलाता है मुझे

मैं हूँ ये कम तो नहीं है तेरे होने की दलील
मेरा होना तेरा एहसास दिलाता है मुझे

अब किसी शख़्स में सच सुनने की हिम्मत है कहाँ
मुश्किलों से ही कोई पास बिठाता है मुझे

कैसे महफ़ूज़ रखूँ ख़ुद को अजायबघर में
जो भी आता है यहाँ हाथ लगाता है मुझे

जाने क्या बनना है तुझको मेरी गीली मिट्टी
कूज़ागर[1] रोज़ बनाता है मिटाता है मुझे

आबो-दाना किसी बिगड़े हुए बच्चे की तरह
मैं जहाँ शाख़ पे बैठूँ कि उड़ाता है मुझे

---

1. कूज़ागर : कुम्हार।

बैठे-बैठे कोई ख़याल आया
ज़िन्दा रहने का फिर सवाल आया

कौन दरियाओं का हिसाब रखे
नेकियाँ, नेकियों में डाल आया

ज़िन्दगी किस तरह गुज़ारते हैं
ज़िन्दगी भर न ये कमाल आया

झूठ बोला है कोई आईना
वरना पत्थर में कैसे बाल आया

वो जो दो गज़ ज़मीं थी मेरे नाम
आसमाँ की तरफ़ उछाल आया

क्यों ये सैलाब-सा है आँखों में
मुस्कुराए थे हम ख़याल आया

मेरे मरने की ख़बर है उसको
अपनी रुसवाई का डर है उसको

अब वो पहला सा नज़र आता नहीं
ऐसा लगता है नज़र है उसको

मैं किसी से भी मिलूँ कुछ भी करूँ
मेरी नीयत की ख़बर है उसको

भूल जाना उसे आसान नहीं
याद रखना भी हुनर है उसको

रोज़ मरने की दुआ माँगता है
जाने किस बात का डर है उसको

मंज़िलें साथ लिये फिरता है
कितना दुश्वार सफ़र है उसको

मौक़ा है इस बार रोज़ मना तेहवार अल्लाह बादशाह
अपनी है सरकार सातों दिन इतवार अल्लाह बादशाह

तेरी ऊँची ज़ात लश्कर तेरे साथ तेरे सौ–सौ हाथ
तू भी है तय्यार हम भी हैं तय्यार अल्लाह बादशाह

सबकी अपनी फ़ौज ये मस्ती वो मौज सब हैं राजा भोज
शेख़, मुग़ल, अंसार, सब ज़ेहनी बीमार अल्लाह बादशाह

दिल्ली ता लाहोर जंगल चारों ओर जिसको देखो चोर
काबुल और कन्धार तोड़ दे ये दीवार अल्लाह बादशाह

फ़र्क़ न इनके बीच ये बन्दर वो रीछ सबकी रस्सी खींच
सारे हैं मक्कार सबको ठोकर मार अल्लाह बादशाह

पढ़े–लिखे बेकार दर–दर हैं फ़नकार आलिम फ़ाज़िल ख़्वार
जाहिल, ढोर, गँवार, क़ौम के हैं सरदार अल्लाह बादशाह

दुआओं में वो तुम्हें याद करने वाला है
कोई फ़क़ीर की इमदाद करने वाला है

ये सोच–सोच के शर्मिन्दगी सी होती है
वो हुक्म देगा जो फ़रियाद करने वाला है

ज़मीन हम भी तेरे वारिसों में हैं कि नहीं
वो इस सवाल को बुनियाद करने वाला है

यही ज़मीन मुझे गोद लेने वाली है
ये आसमाँ मेरी इमदाद[1] करने वाला है

ये वक़्त तू जिसे बरबाद करता रहता है
ये वक़्त ही तुझे बरबाद करने वाला है

ख़ुदा दराज़ करे उम्र मेरे दुश्मन की
कोई तो है जो मुझे याद करने वाला है

---

1. इमदाद : मदद।

किसने दस्तक दी है दिल पर कौन है
आप तो अन्दर हैं बाहर कौन है

रौशनी ही रौशनी है हर तरफ़
मेरी आँखों में मुनव्वर कौन है

आसमाँ झुक-झुक के करता है सवाल
आपके क़द के बराबर कौन है

हम रखेंगे अपने अश्कों का हिसाब
पूछने वाला समन्दर कौन है

सारी दुनिया हैरती है किस लिए
दूर तक मंज़र-ब-मंज़र कौन है

मुझसे मिलने ही नहीं देता मुझे
क्या पता ये मेरे अन्दर कौन है

हवा ख़ुद अबके हवा के ख़िलाफ़ है जानी
दिये जलाओ कि मैदान साफ़ है जानी

हमें चमकती हुई सर्दियों का ख़ौफ़ नहीं
हमारे पास पुराना लिहाफ़ है जानी

वफ़ा का नाम यहाँ हो चुका बहुत बदनाम
मैं बेवफ़ा हूँ मुझे एतराफ़[1] है जानी

है अपने रिश्तों की बुनियाद जिन शरायत पर
वहीं से तेरा मेरा इख़्तिलाफ़ है जानी

वो मेरी पीठ में ख़ंजर उतार सकता है
कि जंग में तो सभी कुछ मुआफ़ है जानी

मैं जाहिलों में भी लहजा़ बदल नहीं सकता
मेरी असास[2] यही शीन-क़ाफ़ है जानी

---

1. एतराफ़ : स्वीकार, असास : सम्पत्ति, समान।

रात बहुत तारीक नहीं है
लेकिन घर नज़दीक नहीं है

फूलों को समझा दे कोई
हँसते रहना ठीक नहीं है

तनक़ीदें बारीक़ हैं जितनी
फ़न उतना बारीक़ नहीं है

कोई ताज़ा शेर हो नाज़िल
हक़ माँगा है भीख नहीं है

दिन हैं जितने काले-काले
रात उतनी तारीक नहीं है

आज तुम्हारी याद न आई
आज तबीयत ठीक नहीं है

अगर ख़िलाफ़ हैं होने दो जान थोड़ी है
ये सब धुआँ है कोई आसमान थोड़ी है

लगेगी आग तो आएँगे घर कई ज़द में
यहाँ पे सिर्फ़ हमारा मकान थोड़ी है

मैं जानता हूँ कि दुश्मन भी कम नहीं लेकिन
हमारी तरह हथेली पे जान थोड़ी है

हमारे मुँह से जो निकले वही सदाक़त[1] है
हमारे मुँह में तुम्हारी ज़बान थोड़ी है

जो आज साहिबे-मसनद हैं कल नहीं होंगे
किराएदार हैं ज़ाती मकान थोड़ी है

सभी का ख़ून है शामिल यहाँ की मिट्टी में
किसी के बाप का हिन्दोस्तान थोड़ी है

---

1. सदाक़त : सच्चाई।

शराब छोड़ दी तुमने कमाल है ठाकुर
मगर ये हाथ में क्या लाल-लाल है ठाकुर

कई मलूल[1] से चेहरे तुम्हारे गाँव में हैं
सुना है तुमको भी इसका मलाल है ठाकुर

ख़राबहालों का जो हाल था ज़माने से
तुम्हारे फ़ैज़ से अब भी बहाल है ठाकुर

उधर तुम्हारे ख़ज़ाने जवाब देते हैं
इधर हमारी अना का सवाल है ठाकुर

किसी ग़रीब दुपट्टे का क़र्ज़ है उस पर
तुम्हारे पास जो रेशम की शाल है ठाकुर

दुआ को नन्हे गुलाबों ने हाथ उठाए हैं
बस अब यहाँ से तुम्हारा ज़वाल है ठाकुर

---

1. मलूल : उदासीन।

काम सब ग़ैर-ज़रूरी हैं जो सब करते हैं
और हम कुछ नहीं करते ग़ज़ब करते हैं

आपकी नज़रों में सूरज की है जितनी अज़मत
हम चिराग़ों का भी उतना ही अदब करते हैं

हम पे हाकिम का कोई हुक्म नहीं चलता है
हम क़लन्दर हैं शहंशाह लक़ब[1] करते हैं

देखिए जिसको उसे धुन है मसीहाई की
आज-कल शहर के बीमार मतब[2] करते हैं

ख़ुद को पत्थर-सा बना रक्खा है कुछ लोगों ने
बोल सकते हैं मगर बात ही कब करते हैं

एक-एक पल को किताबों की तरह पढ़ने लगे
उम्र भर जो न किया हमने वो अब करते हैं

---

1. लक़ब : पदवी, 2. मतब : इलाज़।

मुझमें कितने राज़ हैं बतलाऊँ क्या
बन्द एक मुद्दत से हूँ खुल जाऊँ क्या

आजिज़ी मिन्नत ख़ुशामद इल्तिजा
और मैं क्या-क्या करूँ मर जाऊँ क्या

कल यहाँ मैं था जहाँ तुम आज हो
मैं तुम्हारी ही तरह इतराऊँ क्या

तेरे जलसे में तेरा परचम लिये
सैकड़ों लाशें भी हैं गिनवाऊँ क्या

एक पत्थर है वो मेरी राह का
गर न ठुकराऊँ तो ठोकर खाऊँ क्या

फिर जगाया तूने सोए शेर को
फिर वही लहज़ा-दराज़ी, आऊँ क्या ?

दर-बदर जो थे वो दीवारों के मालिक हो गए
मेरे सब दरबान दरबारों के मालिक हो गए

लफ़्ज़ गूँगे हो गए तहरीर अन्धी हो चुकी
जितने मुख़बिर थे वो अख़बारों के मालिक हो गए

लाल सूरज आसमाँ से घर की छत पर आ गया
जितने थे बेकार सब कारों के मालिक हो गए

और अपने घर में हम बैठे रहे मिश्अल-बकफ़[1]
चन्द जुगनू चाँद और तारों के मालिक हो गए

देखते ही देखते कितनी दुकानें खुल गईं
बिकने आए थे वो बाज़ारों के मालिक हो गए

सर-बकफ़ थे तो सरों से हाथ धोना पड़ गया
सर झुकाए थे वो दस्तारों के मालिक हो गए

---

1. मिश्अल-बकफ़ : हाथों में मशाल लिये।

उठी निगाह तो अपने ही रू-ब-रू हम थे
ज़मीन आइनाख़ाना थी चार सू हम थे

दिनों के बाद अचानक तुम्हारी याद आई
ख़ुदा का शुक्र कि उस वक़्त बा-वज़ू हम थे

वो आइना तो नहीं था पर आइने-सा था
वो हम नहीं थे मगर यार हू-ब-हू हम थे

ज़मीं पे लड़ते हुए आसमाँ के नरग़े[1] में
कभू-कभू कोई दुश्मन कभू-कभू हम थे

हमारा ज़िक्र भी अब जुर्म हो गया है वहाँ
दिनों की बात है महफ़िल की आबरू हम थे

ख़याल था कि ये टकराव रोक दें चलकर
जो होश आया तो देखा लहू-लहू हम थे

---

1. नरग़े : घेरे में।

मसअला प्यास का यूँ हल हो जाए
जितना अमृत है हलाहल हो जाए

शहरे-दिल में है अजब सन्नाटा
तेरी याद आए तो हलचल हो जाए

ज़िन्दगी एक अधूरी तस्वीर
मौत आए तो मुकम्मल हो जाए

और एक मोर कहीं जंगल में
नाचते-नाचते पागल हो जाए

थोड़ी रौनक़ है हमारे दम से
वरना ये शहर तो जंगल हो जाए

फिर ख़ुदा चाहे तो आँखें ले-ले
बस मेरा ख़्वाब मुकम्मल हो जाए

ऊँघती रहगुज़र के बारे में
लोग पूछेंगे घर के बारे में

मील के पत्थरों से पूछता हूँ
अपने एक हमसफ़र के बारे में

मशवरा कर रहे हैं आपस में
चन्द जुगनू सहर के बारे में

एक सच्ची ख़बर सुनाता हूँ
एक झूठी ख़बर के बारे में

उँगलियों से लहू टपकता है
क्या लिखें चारागर के बारे में

लाख मैं गुमशुदा सही लेकिन
जानता हूँ ख़िज़र[1] के बारे में

---

1. ख़िज़र : रास्ता दिखाने वाले पैग़म्बर।

मुहब्बतों के सफ़र पर निकल के देखूँगा
ये पुल-सिरात[1] अगर है तो चल के देखूँगा

सवाल ये है कि रफ़्तार किसकी कितनी है
मैं आफ़ताब से आगे निकल के देखूँगा

गुज़ारिशों का कुछ उस पर असर नहीं होता
वो अब मिलेगा तो लहज़ा बदल के देखूँगा

मज़ाक़ अच्छा रहेगा ये चाँद-तारों से
मैं आज शाम से पहले ही ढल के देखूँगा

अजब नहीं कि वही रौशनी मुझे मिल जाए
मैं अपने घर से किसी दिन निकल के देखूँगा

उजाले बाँटने वालों पे क्या गुज़रती है
किसी चिराग़ की मानिन्द जल के देखूँगा।

---

1. पुल-सिरात : सच्चाई।

बूढ़े हुए यहाँ कई अय्याश बम्बई
तू आज भी जवान है शाबाश बम्बई

पूछूँ कि मेरे बच्चों के ख़्वाबों का क्या हुआ
मिल जाए बम्बई में कहीं काश बम्बई

दिल बैठते हैं दौड़ते घोड़ों के साथ-साथ
सोने की फ़स्ल बोती है क़ल्लाश बम्बई

दो गज़ ज़मीन भी न मिली दफ़्न के लिए
घर में पड़ी हुई है तेरी लाश बम्बई

हर शख़्स आ के जीत न पाएगा बाज़ियाँ
उलटे छपे हुए हैं तेरे ताश बम्बई

इस शहर में ज़मीन है महँगी बहुत मगर
घर की छतों पे रखती है आकाश बम्बई

वो कभी शहर से गुज़रे तो ज़रा पूछेंगे
ज़ख़्म हो जाते हैं किस तरह दवा पूछेंगे

गुम न हो जाएँ मकानों के घने जंगल में
कोई मिल जाए तो हम घर का पता पूछेंगे

मेरे सच से उन्हें क्या लेना है मैं जानता हूँ
हाथ क़ुरआन पे रखवा के वो क्या पूछेंगे

ये रहा नामाए-आमाल मगर तुझसे भी
कुछ सवालात तो हम भी ऐ ख़ुदा पूछेंगे

वो कहीं किरनें समेटे हुए मिल जाएगा
कब रफ़ू होगी उजालों की क़बा पूछेंगे

वो जो मुंसिफ़ है तो क्या कुछ भी सज़ा दे देगा
हम भी रखते हैं ज़बाँ पहले ख़ता पूछेंगे

अँधेरे चारों तरफ़ सायँ-सायँ करने लगे
चिराग़ हाथ उठाकर दुआएँ करने लगे

तरक़्क़ी कर गए बीमारियों के सौदागर
ये सब मरीज़ हैं जो अब दवाएँ करने लगे

लहूलुहान पड़ा था ज़मीं पे एक सूरज
परिन्दे अपने परों से हवाएँ करने लगे

ज़मीं पर आ गए आँखों से टूटकर आँसू
बुरी ख़बर है फ़रिश्ते ख़ताएँ करने लगे

झुलस रहे हैं यहाँ छाँव बाँटने वाले
वो धूप है कि शजर इल्तिजाएँ करने लगे

अजीब रंग था मजलिस का, ख़ूब महफ़िल थी
सफ़ेदपोश उठे कायँ-कायँ करने लगे

पाँव से आसमान लिपटा है
रास्तों से मकान लिपटा है

रौशनी है तेरे ख़यालों की
मुझसे रेशम का थान लिपटा है

कर गए सब किनारा कश्ती से
सिर्फ़ एक बादबान[1] लिपटा है

दे तवानाइयाँ मेरे माबूद
जिस्म से ख़ानदान लिपटा है

और मैं सुन रहा हूँ क्या-क्या कुछ
मुझसे एक बेज़बान लिपटा है

मुझको दुनिया बुला रही है मगर
मुझसे हिन्दोस्तान लिपटा है

---

1. बादबान : पाल।

नज़ारा देखिए कलियों के फूल होने का
यही है वक़्त दुआएँ क़बूल होने का

उन्हें बताओ कि ये रास्ते सलीब के हैं
जो लोग करते हैं दावा रसूल होने का

तमाम उम्र गुज़रने के बाद दुनिया में
पता चला हमें अपने फ़िज़ूल होने का

उसूल वाले हैं बेचारे इन फ़रिश्तों ने
मज़ा चखा ही नहीं बे-उसूल होने का

है आसमाँ से बुलन्द उसका मरतबा जिसको
शरफ़ है आपके क़दमों की धूल होने का

चलो फ़लक पे कहीं मंज़िलें तलाश करें
ज़मीं पे कुछ नहीं हासिल हुसूल होने का

इधर की शै उधर कर दी गई है
ज़मीं ज़ेरो-ज़बर कर दी गई है

ये काली रात है दो-चार पल की
ये कहने में सहर कर दी गई है

तआरुफ़ को ज़रा फैला दिया है
कहानी मुख़्तसर कर दी गई है

इबादत में बसर करनी थी लेकिन
ख़राबों में बसर कर दी गई है

कई ज़र्रात बाग़ी हो चुके हैं
सितारों को ख़बर कर दी गई है

वो मेरी हम-क़दम होने न पाई
जो मेरी हमसफ़र कर दी गई है

अन्दर का ज़हर चूम लिया धुल के आ गए
कितने शरीफ़ लोग थे सब खुल के आ गए

सूरज से जंग जीतने निकले थे बेवकूफ़
सारे सिपाही मोम के थे घुल के आ गए

मस्जिद में दूर-दूर कोई दूसरा न था
हम आज अपने आपसे मिल-जुल के आ गए

नींदों से जंग होती रहेगी तमाम उम्र
आँखों में बन्द ख़्वाब अगर खुल के आ गए

सूरज ने अपनी शक्ल भी देखी थी पहली बार
आईने को मज़े भी तक़ाबुल[1] के आ गए

अनजाने साए फिरने लगे हैं इधर-उधर
मौसम हमारे शहर में काबुल के आ गए

---

1. तक़ाबुल : मुक़ाबला।

मौसम बुलाएँगे तो सदा कैसे आएगी
सब खिड़कियाँ हैं बन्द हवा कैसे आएगी

मेरा ख़ुलूस इधर है उधर है तेरा ग़ुरूर
तेरे बदन पे मेरी क़बा कैसे आएगी

रस्ते में सर उठाए हैं रस्मों की नागिनें
ऐ जाने-इन्तेज़ार! बता कैसे आएगी

सर रख के मेरे ज़ानू पे सोई है ज़िन्दगी
ऐसे में आई भी तो क़ज़ा कैसे आएगी

आँखों में आँसुओं को अगर हम छुपाएँगे
तारों को टूटने की अदा कैसे आएगी

वो बेवफ़ा यहाँ से भी गुज़रा है बारहा
इस शहर की हदों में वफ़ा कैसे आएगी

यहाँ कब थी जहाँ ले आई दुनिया
ये दुनिया को कहाँ ले आई दुनिया

ज़मीं को आसमानों से मिलाकर
ज़मीं पर आसमाँ ले आई दुनिया

मैं ख़ुद से बात करना चाहता था
ख़ुदा को दरमियाँ ले आई दुनिया

चिराग़ों की लवें सहमी हुई हैं
सुना है आँधियाँ ले आई दुनिया

जहाँ मैं था वहाँ दुनिया कहाँ थी
वहाँ मैं हूँ जहाँ ले आई दुनिया

तवक़्क़ो हमने की थी शाख़े–गुल की
मगर तीरो–कमाँ ले आई दुनिया

ज़िन्दगी की हर कहानी बे-असर हो जाएगी
हम न होंगे तो ये दुनिया दर-बदर हो जाएगी

पाँव पत्थर करके छोड़ेगी अगर रुक जाइए
चलते रहिए तो ज़मीं भी हमसफ़र हो जाएगी

जुगनुओं को साथ लेकर रात रौशन कीजिए
रास्ता सूरज का देखा तो सहर हो जाएगी

ज़िन्दगी भी काश मेरे साथ रहती उम्र भर
ख़ैर अब जैसे भी होनी है बसर हो जाएगी

तुमने ख़ुद ही सर चढ़ाई थी सो अब चक्खो मज़ा
मैं न कहता था कि दुनिया दर्दे-सर हो जाएगी

तल्ख़ियाँ भी लाज़िमी हैं ज़िन्दगी के वास्ते
इतना मीठा बन के मत रहिए शकर हो जाएगी

पुराने शहर के मंज़र निकलने लगते हैं
ज़मीं जहाँ भी खुले घर निकलने लगते हैं

मैं खोलता हूँ सदफ़ मोतियों के चक्कर में
मगर यहाँ भी समन्दर निकलने लगते हैं

हसीन लगते हैं जाड़ों में सुबह के मंज़र
सितारे धूप पहनकर निकलने लगते हैं

बुरे दिनों से बचाना मुझे मेरे मौला
क़रीबी दोस्त भी बचकर निकलने लगते हैं

बलन्दियों का तसव्वुर भी ख़ूब होता है
कभी-कभी तो मेरे पर निकलने लगते हैं

अगर ख़याल भी आए कि तुझको ख़त लिक्खूँ
तो घोंसलों से कबूतर निकलने लगते हैं

धर्म बूढ़े हो गए मज़हब पुराने हो गए
ऐ तमाशागर तेरे करतब पुराने हो गए

आज-कल छुट्टी के दिन भी घर पड़े रहते हैं हम
शाम, साहिल, तुम, समन्दर सब पुराने हो गए

कैसी चाहत, क्या मुरव्वत क्या मुहब्बत क्या ख़ुलूस
इन सभी अल्फ़ाज़ के मतलब पुराने हो गए

रेंगते रहते हैं हम सदियों से सदियाँ ओढ़कर
हम नए थे ही कहाँ जो अब पुराने हो गए

आस्तीनों में वही खंजर वही हमदर्दियाँ
हैं नए अहबाब लेकिन ढब पुराने हो गए

एक ही मरकज़ पे आँखें जंग-आलूदा हुईं
चाक पर फिर-फिर के रोज़ो-शब पुराने हो गए

शजर हैं अब समर–आसार मेरे
उगे आते हैं दावेदार मेरे

मुहाजिर हैं न अब अंसार मेरे
मुख़ालिफ़ हैं बहुत इस बार मेरे

यहाँ एक बूँद का मुहताज हूँ मैं
समन्दर हैं समन्दर पार मेरे

हवाएँ ओढ़कर सोया था दुश्मन
गए बेकार सारे वार मेरे

तुम्हारा नाम दुनिया जानती है
बहुत रुसवा हैं अब अश्आर मेरे

मैं ख़ुद अपनी हिफ़ाज़त कर रहा हूँ
अभी सोए हैं पहरेदार मेरे

तेरे वादे की तेरे प्यार की मुहताज नहीं
ये कहानी किसी किरदार की मुहताज नहीं

आसमाँ ओढ़ के सोए हैं खुले मैदाँ में
अपनी ये छत किसी दीवार की मुहताज नहीं

ख़ाली कश्कोल[1] पे इतराई हुई फिरती है
ये फ़क़ीरी किसी दस्तार की मुहताज नहीं

ख़ुद-कफ़ीली[2] का हुनर सीख लिया है मैंने
ज़िन्दगी अब किसी सरकार की मुहताज नहीं

मेरी तहरीर है चस्पाँ मेरी पेशानी पर
अब ज़बाँ ज़िल्लते-इज़हार की मुहताज नहीं

लोग होंठों पे सजाए हुए फिरते हैं मुझे
मेरी शोहरत किसी अख़बार की मुहताज नहीं

रोज़ आबाद नए शहर किया करती है
शायरी अब किसी दरबार की मुहताज नहीं

---

1. कश्कोल : भिक्षा-पात्र, 2. ख़ुद-कफ़ीली : आत्मनिर्भरता।

मेरे अख़लाक़ की एक धूम है बाज़ारों में
ये वो शै है जो ख़रीदार की मुहताज नहीं

इसे तूफ़ाँ ही किनारे से लगा सकता है
मेरी कश्ती किसी पतवार की मुहताज नहीं

मैंने मुल्कों की तरह लोगों के दिल जीते हैं
ये हुकूमत किसी तलवार की मुहताज नहीं

बरछी लेकर चाँद निकलने वाला है
घर चलिए अब सूरज ढलने वाला है

मंज़रनामा वही पुराना है लेकिन
नाटक का उनवान बदलने वाला है

तौर-तरीक़े बदले नर्म उजालों ने
हर जुगनू अब आग उगलने वाला है

धूप के डर से कब तक घर में बैठोगे
सूरज तो हर रोज़ निकलने वाला है

एक पुराने खेल खिलौने जैसी है
दुनिया से अब कौन बहलने वाला है

दहशत का माहौल है सारी बस्ती में
क्या कोई अख़बार निकलने वाला है

वो सिम्ती का मारा मेरा नन्हापन
भीड़ के पीछे-पीछे चलने वाला है

सबको दुख से मुक्ति मिलने वाली है
बोतल से एक देव निकलने वाला है

महँगी क़ालीनें लेकर क्या कीजेगा
अपना घर भी एक दिन जलने वाला है

सारी सड़कें मातम करती रहती हैं
हर बच्चा रस्सी पर चलने वाला है

दो गज़ टुकड़ा उजले-उजले बादल का
याद आता है एक दुपट्टा मलमल का

शहर के मंज़र देख के चीख़ा करता है
मेरे अन्दर एक सन्नाटा जंगल का

बादल हाथी घोड़े लेकर आते हैं
लेकिन अपना रस्ता तो है पैदल का

मुझसे आकर मेरी ज़बाँ में बात करे
लिखता रहता है जो खाता हर पल का

आते-जाते आँखें पढ़ती रहती हैं
हर पत्थर पर नाम लिखा है मख़मल का

खुले-खुले से रहने के हम आदी हैं
ध्यान किसे है दरवाज़े की साँकल का

देखें किस दिन पहुँचोगे तुम तारों तक
ऊँचाई तक एक रस्ता है दलदल का

गीला दामन गीली-गीली आँखें हैं
हर मौसम में एक मौसम है जल-थल का

मुझको अपने रंग में ढाला दुनिया ने
साँप हुआ हूँ ख़ुद ही अपने संदल का

देखें कितना बाज़ारों में आए उछाल
हम सोना हैं और ज़माना पीतल का

तेरा-मेरा नाम ख़बर में रहता था
दिन बीते एक सौदा सर में रहता था

मेरा रस्ता तकता था एक चाँद कहीं
मैं सूरज के साथ सफ़र में रहता था

सारे मंज़र गोरे-गोरे लगते थे
जाने किसका रूप नज़र में रहता था

मैंने अक्सर आँखें मूँद के देखा है
एक मंज़र जो पस-मंज़र में रहता था

काठ की कश्ती पीठ थपकती रहती थी
दरियाओं का पाँव भँवर में रहता था

उजली-उजली तस्वीरें-सी बनती हैं
सुनते हैं अल्लाह बशर में रहता था

मीलों तक हम चिड़ियों-से उड़ जाते थे
कोई अपने साथ सफ़र में रहता था

सुस्ताती है गर्मी जिसके साए में
ये पौधा कल धूप-डगर में रहता था

धरती से जब ख़ुद को जोड़े रहते थे
ये सारा आकाश असर में रहता था

सच का बोझ उठाए हूँ अब पलकों पर
पहले मैं भी ख़्वाब-नगर में रहता था

दिये जलाए तो अंजाम क्या हुआ मेरा
लिखा है तेज़ हवाओं ने मर्सिया मेरा

कहीं शरीफ़ नमाज़ी कहीं फ़रेबी पीर
क़बीला मेरा नसब मेरा सिलसिला मेरा

किसी ने ज़हर कहा है किसी ने शहद कहा
कोई समझ नहीं पाता है ज़ायका मेरा

मैं चाहता था ग़ज़ल आसमान हो जाए
मगर ज़मीन से चिपका है क़ाफ़िया मेरा

मैं पत्थरों की तरह गूँगे सामईन में था
मुझे सुनाते रहे लोग वाक़या मेरा

जहाँ पे कुछ भी नहीं है वहाँ बहुत कुछ है
ये कायनात तो है ख़ाली हाशिया मेरा

उसे ख़बर है कि मैं हर्फ़-हर्फ़ सूरज हूँ
वो शख़्स पढ़ता रहा है लिखा हुआ मेरा

बलन्दियों के सफ़र में ये ध्यान आता है
ज़मीन देख रही होगी रास्ता मेरा

मैं जंग जीत चुका हूँ मगर ये उलझन है
अब अपने-आप से होगा मुक़ाबला मेरा

खिंचा-खिंचा मैं रहा ख़ुद से जाने क्यों वरना
बहुत ज़्यादा न था मुझसे फ़ासला मेरा

एक नया मौसम नया मंज़र खुला
कोई दरवाज़ा मेरे अन्दर खुला

एक ग़ज़ल कमरे की छत पर मुन्तशिर[1]
एक क़लम रक्खा है काग़ज़ पर खुला

लेकिन उड़ने की सकत बाक़ी नहीं
है कई दिन से क़फ़स[2] का दर खुला

चलते रहने का इरादा शर्त है
जब भी दीवारें उठी हैं, दर खुला

हो गया ऐलान फिर एक जंग का
जितने वक़्फ़े में मेरा बख़्तर खुला

साथ रहता है यही एहसासे-जुर्म
किसके ज़िम्मे छोड़ आए घर खुला

अब मयस्सर ही कहाँ दोतन लिहाफ़
अब कहाँ रहता हूँ मैं शब-भर खुला

---

1. मुन्तशिर : बिखरा हुआ, 2. क़फ़स : पिंजरा।

मैं ख़ुद अपने-आप ही में बन्द था
मुद्दतों के बाद ये मुझ पर खुला

उम्र भर की नींद पूरी हो चुकी
तब कहीं जाकर मेरा बिस्तर खुला

कौन वो मिर्ज़ा असद उल्लाह ख़ाँ
मुझसे वो तनहाई में अक्सर खुला

मौसमों का ख़याल रक्खा करो
कुछ लहू में उबाल रक्खा करो

ज़िन्दगी रोज़ मरती रहती है
ठीक से देखभाल रक्खा करो

सब लकीरों पे छोड़ रक्खा है
आप भी कुछ कमाल रक्खा करो

याद करते रहा करो माज़ी
एक–एक पल उजाल रक्खा करो

जाने कब सच का सामना हो जाए
कोई रस्ता निकाल रक्खा करो

ग़ालिबों को रखो दिमाग़ों में
दिल यगाना मिसाल रक्खा करो

सुलह करते रहा करो हरदम
दुश्मनों को निढाल रक्खा करो

ख़ाली–ख़ाली उदास–उदास आँखें
इनमें कुछ ख़्वाब पाल रक्खा करो

फिर वो चाक़ू चला नहीं सकता
हाथ गरदन में डाल रक्खा करो

लाख सूरज से दोस्ताना हो
चन्द जुगनू भी पाल रक्खा करो

मुर्ग़ माही कबाब ज़िन्दाबाद
हर सनद हर ख़िताब ज़िन्दाबाद

फिर पुरानी लतें पुराने शौक़
फिर पुरानी शराब ज़िन्दाबाद

दिन नमाज़ें नसीहतें फ़तवे
रात चंगो-रूबाब ज़िन्दाबाद

रोज़ दो चार छः गुनाह करो
रोज़ कारे-सवाब ज़िन्दाबाद

तूने दुनिया जवान रक्खी है
ऐ बुज़ुर्ग आफ़ताब ज़िन्दाबाद

मुआफ़िक़ जो फ़िज़ा तय्यार की है
बड़ी तदबीर से हमवार की है

यहाँ तुझ–मुझ के हिस्से में ज़ियाँ[1] है
ये दुनिया दरहमो–दीनार की है

यक़ीं कैसे करूँ मैं मर चुका हूँ
मगर सुर्ख़ी यही अख़बार की है

सड़क पर वर्दियाँ ही वर्दियाँ हैं
कि आमद फिर किसी तेहवार की है

यहाँ गूँगी है मेरी हर इबारत
ज़रूरत हाशिया–बरदार की है

ये मिट्टी मिट्टियों से कुछ अलग है
किसी टूटे हुए मीनार की है

अब एक दरिया है और फिर एक समन्दर
अभी तो सिर्फ़ नद्दी पार की है

न जाने किसकी आमद की ख़बर है
अजब हालत दरो–दीवार की है

---

1. ज़ियाँ : नुक़सान।

मैं हर दिन काम करना चाहता हूँ
मगर छुट्टी तो बस इतवार की है

तुम अपनी सरबलन्दी पर हो नाज़ाँ
मियाँ क़ीमत यहाँ दस्तार की है

चिराग़ों का घराना चल रहा है
हवा से दोस्ताना चल रहा है

जवानी की हवाएँ चल रही हैं
बुज़ुर्गों का ख़ज़ाना चल रहा है

मेरी गुमगश्तगी पर हँसने वालो
मेरे पीछे ज़माना चल रहा है

अभी हम ज़िन्दगी से मिल न पाए
तआरुफ़ ग़ायबाना[1] चल रहा है

नए किरदार आते जा रहे हैं
मगर नाटक पुराना चल रहा है

वही दुनिया वही साँसें वही हम
वही सब कुछ पुराना चल रहा है

ज़ियादा क्या तवक़्क़ो हो ग़ज़ल से
मियाँ बस आबो-दाना चल रहा है

---

1. ग़ायबाना : अनदेखा

समन्दर से किसी दिन फिर मिलेंगे
अभी पीना–पिलाना चल रहा है

वही महशर[1] वही मिलने का वादा
वही बूढ़ा बहाना चल रहा है

यहाँ एक मदरसा होता था पहले
मगर अब कारख़ाना चल रहा है

---

1. महशर : क़यामत।

तूफ़ाँ तो इस शहर में अक्सर आता है
देखें अबके किसका नम्बर आता है

यारों के भी दाँत बहुत ज़हरीले हैं
हमको भी साँपों का मन्तर आता है

सूखे बादल होंठों पर कुछ लिखते हैं
आँखों में सैलाब का मंज़र आता है

तक़रीरों में सबके जौहर खुलते हैं
अन्दर जो पलता है बाहर आता है

बचकर रहना, एक क़ातिल इस बस्ती में
काग़ज़ की पोशाक पहनकर आता है

बोता है वो रोज़ तअफ़्फ़ुन[1] ज़हनों में
जो कपड़ों पर इत्र लगाकर आता है

रहमत मिलने आती है पर फैलाए
पलकों पर जब कोई पयम्बर आता है

---

1. तअफ़्फ़ुन : दुर्गन्ध

सूख चुका हूँ फिर भी मेरे साहिल पर
पानी पीने रोज़ समन्दर आता है

उन आँखों की नींदें गुम हो जाती हैं
जिन आँखों को ख़्वाब मयस्सर आता है

टूट रही है मुझमें हर दिन एक मस्जिद
इस बस्ती में रोज़ दिसम्बर आता है

ख़ाक से बढ़कर कोई दौलत नई होती
छोटी-मोटी बात पे हिजरत[1] नई होती

पहले दीप जलें तो चर्चे होते थे
और अब शहर जलें तो हैरत नई होती

तारीख़ों की पेशानी पर मुहर लगा
ज़िन्दा रहना कोई करामत नई होती

कोई और उठा रखता है छत का बोझ
दीवारों में इतनी ताक़त नई होती

सोच रहा हूँ आख़िर कब तक जीना है
मर जाता तो इतनी फ़ुरसत नई होती

रोटी की गोलाई नापा करता है
इसीलिए तो घर में बरकत नई होती

हमने ही कुछ लिखना-पढ़ना छोड़ दिया
वरना ग़ज़ल की इतनी क़िल्लत नई होती

मिस्वाकों से चाँद का चेहरा छूता है
बेटा इतनी सस्ती जन्नत नई होती

---

1. हिजरत : पलायन।

बाज़ारों में ढूँढ़ रहा हूँ वो चीज़ें
जिन चीज़ों की कोई क़ीमत नई होती

कोई क्या दे राय हमारे बारे में
ऐसे-वैसों की तो हिम्मत नई होती

ज़मीं बालिश्त भर होगी हमारी
यहाँ कैसे बसर होगी हमारी

ये काली रात होगी ख़त्म किस दिन
न जाने कब सहर होगी हमारी

इसी उम्मीद पर ये रतजगे हैं
किसी दिन रात भर होगी हमारी

दरे-मस्जिद पे कोई शै पड़ी है
दुआएँ बेअसर होंगी हमारी

चला हूँ गुमरही को साथ लेकर
यही तो हमसफ़र होगी हमारी

न जाने दिन कहाँ निकलेगा अपना
न जाने शब किधर होगी हमारी

दुआ माँगेंगे कब तक आसमाँ से
ज़मीं कब मोतबर[1] होगी हमारी

ये दुनिया कहकशाँ कहती है जिसको
कभी ये रहगुज़र होगी हमारी

---

1. मोतबर : विश्वसनीय।

चुभे हैं किस क़दर तलुवों में कंकर
सितारों पर नज़र होगी हमारी

बिछड़ने में ही शायद अब मज़ा है
ख़ुशी में आँख तर होगी हमारी

सबको रुसवा बारी-बारी किया करो
हर मौसम में फ़तवे जारी किया करो

रातों का नींदों से रिश्ता टूट चुका
अपने घर की पहरेदारी किया करो

क़तरा-क़तरा शबनम गिनकर क्या होगा
दरियाओं की दावेदारी किया करो

रोज़ क़सीदे लिक्खो गूँगे-बहरों के
फ़ुरसत हो तो ये बेकारी किया करो

शब भर आने वाले दिन के ख़्वाब बुनो
दिन भर फ़िक्रे-शब-बेदारी किया करो

चाँद ज़ियादा रौशन है तो रहने दो
जुगनू भइया! जी मत भारी किया करो

जब जी चाहे मौत बिछा दो बस्ती में
लेकिन बातें प्यारी-प्यारी किया करो

रात-बदन दरिया में रोज़ उतरती है
इस कश्ती में ख़ूब सवारी किया करो

रोज़ वही एक कोशिश ज़िन्दा रहने की
मरने की भी कुछ तय्यारी किया करो

काग़ज़ को सब सौंप दिया ये ठीक नहीं
शेर कभी ख़ुद पर भी तारी किया करो

जितना देख आए हैं अच्छा है, यही काफ़ी है
अब कहाँ जाइए दुनिया से, यही काफ़ी है

हमसे नाराज़ है सूरज कि पड़े सोते हैं
जाग उठने का इरादा है यही काफ़ी है

अब ज़रूरी तो नहीं है कि वो फलदार भी हो
शाख़ से पेड़ का रिश्ता है, यही काफ़ी है

लाओ मैं तुमको समन्दर के इलाक़े लिख दूँ
मेरे हिस्से में ये क़तरा है, यही काफ़ी है

गालियों से भी नवाज़े तो करम है उसका
वो मुझे याद तो करता है, यही काफ़ी है

अब अगर कम भी जिएँ हम तो कोई रंज नहीं
हमको जीने का सलीक़ा है, यही काफ़ी है

क्या ज़रूरी है कभी तुमसे मुलाक़ात भी हो
तुमसे मिलने की तमन्ना है, यही काफ़ी है

अब किसी और तमाशे की ज़रूरत क्या है
ये जो दुनिया है, तमाशा है, यही काफ़ी है

और अब कुछ भी नहीं चाहिए सामाने-सफ़र
पाँव हैं धूप है, सहरा है, यही काफ़ी है

अब सितारों पे कहाँ जाएँ तनाबें[1] लेकर
ये जो मिट्‌टी का घरौंदा है, यही काफ़ी है

---

1. तनाबें : शामियाने की रस्सियाँ।

कैसा नारा कैसा क़ौल अल्लाह बोल
अभी बदलता है माहौल अल्लाह बोल

कैसे साथी कैसे यार सब मक्कार
सबकी नीयत डाँवाँडोल अल्लाह बोल

जैसा गाहक वैसा माल देकर टाल
काग़ज़ में अंगारे तोल अल्लाह बोल

इनसानों से इनसानों तक एक सदा
क्या तातारी क्या मंगोल अल्लाह बोल

साँसों पर लिख रब का नाम सुबहो-शाम
यही वज़ीफ़ा है अनमोल अल्लाह बोल

सच्चाई का लेकर जाप धरती नाप
दिल्ली हो या आसनसोल अल्लाह बोल

दल्लालों से नाता तोड़ सबको छोड़
भेज कमीनों पर लाहौल अल्लाह बोल

हर चेहरे के सामने रख दे आईना
नोच ले हर चेहरे का खोल अल्लाह बोल

शाख़े-सहर पर महके फूल अज़ानों के
फेंक रज़ाई आँखें खोल अल्लाह बोल

ऊँचे-ऊँचे दरबारों से क्या लेना
बेचारे हैं बेचारों से क्या लेना

जो माँगेंगे तूफ़ानों से माँगेंगे
काग़ज़ की इन पतवारों से क्या लेना

हम ठहरे बंजारे हम बंजारों को
दरवाज़ों और दीवारों से क्या लेना

ख़्वाबों वाली कोई चीज़ नहीं मिलती
सोच रहा हूँ बाज़ारों से क्या लेना

ख़ाली हाथों जीतनी है ये जंग हमें
लकड़ी की इन तलवारों से क्या लेना

आग में हम तो बाग़ लगाते हैं हमको
दोज़ख़ तेरे अंगारों से क्या लेना

चारागरी का दावा करते फिरते हैं
बस्ती के इन बीमारों से क्या लेना

साथ हमारे कई सुनहरी सदियाँ हैं
हमें सनीचर-इतवारों से क्या लेना

अपना मालिक अपना ख़ालिक़ अफ़ज़ल है
आती-जाती सरकारों से क्या लेना

पाँव पसारो सारी धरती अपनी है
यार इजाज़त मक्कारों से क्या लेना

ये आईना फ़साना हो चुका है
मुझे देखे ज़माना हो चुका है

वतन के मौसमों अब लौट आओ
तुम्हें देखे ज़माना हो चुका है

दवाएँ क्या, दुआ क्या, मुद्दा क्या
सभी कुछ ताजिराना हो चुका है

अब आँसू भी पुराने हो चुके हैं
समन्दर भी पुराना हो चुका है

चलो दीवाने-ख़ास अब काम आया
परिन्दों का ठिकाना हो चुका है

वही वीरानियाँ हैं शहरे-दिल में
यहाँ पहले भी आना हो चुका है

तेरी मसरूफ़ियत हम जानते हैं
मगर मौसम सुहाना हो चुका है

मुहब्बत में ज़रूरी हैं वफ़ाएँ
ये नुस्ख़ा अब पुराना हो चुका है

चलो अब हिज्र का भी हम मज़ा लें
बहुत मिलना–मिलाना हो चुका है

हज़ारों सूरतें रौशन हैं दिल में
ये दिल आईनाख़ाना हो चुका है

सबब वो पूछ रहे हैं उदास होने का
मेरा मिज़ाज नहीं बेलिबास होने का

नया बहाना है हर पल उदास होने का
ये फ़ायदा है तेरे घर के पास होने का

महकती रात के लम्हों नज़र रखो मुझ पर
बहाना ढूँढ़ रहा हूँ उदास होने का

मैं तेरे पास बता किस ग़रज़ से आया हूँ
सुबूत दे मुझे चेहरा-शिनास होने का

मेरी ग़ज़ल से बना ज़ेहन में कोई तस्वीर
सबब न पूछ मेरे देवदास होने का

कहाँ हो आओ मेरी भूली-बिसरी यादों आओ
ख़ुशामदीद, है मौसम उदास होने का

कई दिनों से तबीयत मेरी उदास न थी
यही जवाज़ बहुत है उदास होने का

मैं अहमियत भी समझता हूँ क़हक़हों की मगर
मज़ा कुछ अपना अलग है उदास होने का

मेरे लबों से तबस्सुम मज़ाक़ करने लगा
मैं लिख रहा था क़सीदा उदास होने का

पता नहीं ये परिन्दे कहाँ से आ पहुँचे
अभी ज़माना कहाँ था उदास होने का

मैं कह रहा हूँ कि ऐ दिल इधर-उधर न भटक
गुज़र न जाए ज़माना उदास होने का

❑❑❑